合氣道

das Aikido-Brevier

LEITFADEN FÜR TECHNIK UND PRÜFUNG

Mit Texten von
Reiner Brauhardt
Hartmut Gerber
Friedrich Vortmüller
Peter Haase

Gestaltung sowie 140 Illustrationen

Peter Haase

16. Auflage
2024

VERLAG WEINMANN – BERLIN

Bibliografische Information Der Deutschen Nationalbibliothek
Die Deutsche Nationalbibliothek verzeichnet diese Publikation in der
Deutschen Nationalbibliografie; detaillierte bibliografische Daten sind
im Internet über
http://dnb.ddb.de abrufbar.

O Sensei, Morihei Uyeshiba, Begründer des Aikido

Vorwort

Es gibt diverse fremdsprachige Aikido-Lehrbücher über Techniken, Ausübung, Hintergründe und Randgebiete. In deutscher Sprache allerdings, gibt es nur wenig über Aikido zu lesen. Deshalb entschlossen wir uns, dieses Brevier herauszubringen. Ein Buch kann und soll nicht den Lehrer ersetzen — es soll seine Tätigkeit ergänzen. Nur im Training bei einem Aikido-Lehrer kann Aikido erlernt werden. Nur dort kann man die Bewegungen sehen und fühlen. Erst die eigene Arbeit mit Körper und Geist, mit allen Mühen, Erfolgen und Misserfolgen und der individuellen Hilfe des Lehrers ermöglicht das Begreifen dieser Budoart.

Der Lehrer gibt geeignete Hilfen, erkennt Probleme im Lernprozess, bringt Beispiele und Erklärungen aus der Situation oder den Stimmungen, die für den Schüler angemessen und auf ihn zugeschnitten sind.

Der Schüler kann fragen und um Hilfe bitten. Der Lehrer kann darauf eingehen. Der Lehrer kennt seine Schüler und passt sich ihnen an.

Auch ein Meister entwickelt sich, das ist natürlich und notwendig. Diese Entwicklung orientiert sich z.T. an seinen Schülern und an der Arbeit mit ihnen.

In Büchern können nur sehr allgemeine Dinge stehen, die nicht unbedingt für jeden gelten oder geeignet sind und auch nicht immer von jedem erfassbar sind.

— Dies ist ein Grund, warum manche Meister keine Bücher schreiben.

Weshalb nun dieses Aikido-Brevier?

Diese Schrift soll als Einführung für Interessenten und Anfänger dienen, sowie als Ermunterung, mit dem Aikido in einem der nächstgelegenen Clubs zu beginnen.

Das Aikido-Brevier ist ein nützliches Nachschlagewerk für alle Aktiven. Durch seine Größe ist es geeignet, in der Trainingstasche stets mitgeführt zu werden. Durch den Preis ist es für jeden erschwinglich, so wie die anderen Breviere aus dem Verlag Weinmann.

Die komplette Prüfungsordnung ist ein Leitfaden für die Ausbildung, wenn auch im Training mehr geboten wird als nur das Prüfungsprogramm!

Die gelungenen Illustrationen unseres Aikido-Zeichners, Peter Haase, der eine Reihe von Bewegungsabläufen bzw. Techniken mit der Feder festhielt, sind geeignet, dem Laien und Interessenten einen Eindruck von der Technik des Aikido zu vermitteln. Diese Bilder helfen dem Aikido-Schüler, sich am Tag nach dem Training an die gelernten Techniken zu erinnern und stellten dadurch eine wertvollen Lernhilfe dar.

Schon an den Zeichnungen erkennt man das Typische am Aikido: die Dynamik, die harmonischen Bewegungsabläufe, die notwendige Anpassung an die Bewegung des Partners, aber auch den Wert als praktische Selbstverteidigung. Man erkennt allerdings auch die Schwierigkeit dieser anspruchsvollen Disziplin, und der Anfänger muss wissen, dass kein Meister vom Himmel fällt.

Erst, wer schon einige Zeit Aikido trainiert hat, erkennt, dass die Aikido-Bewegungen sehr natürlich und ausgesprochen logisch sind.

Erst wenn ein gewisser Entwicklungsstand erreicht ist, wird auch die Selbstverteidigung durch Aikido effektiv und sicher sein, doch wird man sich dann keine Gedanken mehr darüber machen müssen.

Am Anfang steht Körper-Schulung, Körperbeherrschung und Gymnastik. Durch Fortschritte auf diesen Gebieten, ebenso wie in der Kunst, zu fallen, ohne sich zu verletzen (Auch die Fallschule kann dann Spaß machen!) steigt das Selbstvertrauen und die Selbstsicherheit.

Aikido fordert und schult den gesamten Körper (und nicht nur die Armmuskeln) sowie den „Geist". Man kann auch von einer „inneren Schulung" sprechen Energie im richtigen Moment aufzubringen.

Man lernt, z.B. sich auf Menschen und Situationen einzustellen.
— Und, wir lernen Menschen und Freunde kennen.

Hierzu soll dieses Aikido-Brevier eine Hilfe sein.

Graukwoll

Gewidmet Shimizu-Sensei,
dem Meister, der unser Aikido prägte.

Was ist Aikido?

O-Sensei, einmal danach gefragt: „das kann ich nicht erklären."
Für Außenstehende oder Zuschauer ist Aikido zunächst einmal
ein „Selbstverteidigungs-Sport", der aus Japan kommt und dem
Judo ähnlich ist. Tatsächlich haben beide auch vieles gemeinsam — nicht nur die Kleidung.
Man muss aber wissen, dass Judo eine Wettkampfsportart ist.
Im Aikido finden nie Wettkämpfe statt, da sie dem Grundgedan-
ken dieser Budoart widersprechen würden. Schon die Bedeutung des Namen Aikido zeigt, dass es hier nicht nur um Kampf
oder profane Selbstverteidigung geht, sondern auch die inneren
Werte eine wichtige Rolle spielen:

AI = Harmonie, Liebe, Freundschaft
KI = Geist, geistige Kraft, Seele, Energie, Willenskraft
DO = der Weg, Körper und Geist in Harmonie zueinander und in
Übereinstimmung mit den Naturgesetzen zu bringen.

Die Bedeutung jeder einzelnen Silbe ist wichtig. Aikido ohne „Ki"
ist kein Aikido. Nur „Ki" ist ebensowenig Aikido. (In der japanischen Sprache werden übrigens alle drei Silben gleich betont).
Während das Wort „Ai" relativ leicht zu übersetzen und zu ver-
stehen ist, fällt es schon schwerer, das Wort „Do" zu erklären:
Fast unmöglich ist es jedoch, den Begriff „Ki" in Worten zu erläutern. Viel wird über „Ki" gesprochen und geschrieben. Ich meine,
man sollte über Aikido nicht viel diskutieren, sondern fleißig trai-
nieren. Macht man mit ganzem Herzen Aikido, kommt „Ki" bald
von selbst.
Im Laufe der Ausbildung wird man zwangsläufig über einzelne
Aspekte des Hintergrundes dieser Sportart nachzudenken haben, so wie man auch einzelne Bewegungen, Techniken und
Feinheiten besonders üben muss. Man kann dafür Bücher zur
Hilfe nehmen. Das Hauptaugenmerk sollte jedoch stets auf die
Entwicklung des Ganzen gerichtet sein.
Einem Anfänger könnte man sagen, dass Aikido dazu dient,
durch fleißiges und beständiges körperliches Üben den harmonischen Zusammenhang zwischen Körper und Geist zu suchen
und zu finden.
Zu Anfang kommen die Schüler meistens zum Aikido-Training
auf der Suche nach einer perfekten oder der für sie am leich-
testen zu erlernenden Selbstverteidigung und Aikido sieht leicht
aus ....

Aber schon bald werden sich die Teilnehmer entscheiden müssen, hart und selbstkritisch an sich zu arbeiten — was nicht jedem leicht fällt — oder wieder zu gehen.

Um diejenigen, die allzu rasch aufgeben, ist es schade, denn: ob Aikido einem liegt, ob man etwas davon hat, ob man es lernen wird, kann man nicht sofort erkennen. Diejenigen, die geduldig und ausdauernd sind, haben hier Vorteile. Kein Lehrer oder Meister wird einen Schüler wegschicken, der zunächst mit großen Schwierigkeiten zu kämpfen hat.

Am Anfang steht die Körperschulung mit Gymnastik und Geschicklichkeitsübungen. Mit steigender Körperbeherrschung wird der Körper immer lockerer und auch das Fallen wird immer leichter und besser gehen. Ebenso wird das statische und dynamische Gleichgewicht stabiler.

Alle Techniken sind nur ausführbar, wenn man selbst ein gutes Gleichgewicht und Standvermögen hat. Darin zeigt sich die Überlegenheit dem Angreifer gegenüber. Nur aus dieser Stärke heraus kann man einen Angreifer führen und lenken und auch werfen, wenn's sein muss. Langsam erkennt man, dass es nicht darauf ankommt, einen Gegner, Angreifer oder Partner im Training unbedingt zu werfen, zu besiegen, zu beherrschen, sondern darauf, sich selbst zu schulen, zu beherrschen, zu besiegen. Die wirkliche Stärke hält uns davon ab, einen Angreifer zu verletzen, ihm etwas auszurenken oder zu brechen. Solche Absichten pflegt ein Angreifer zu haben, und wir würden uns auf seine Stufe stellen, würden wir das gleiche Ziel verfolgen. Dadurch aber, dass wir nicht aggressiv sind, nicht Rache und Gewalt denken, sind wir in der Lage, den Angreifer zu führen, seinen Angriff umzulenken in eine andere Richtung, eine andere Bahn. Man hilft ihm!

Denkt man aber ebenso aggressiv wie der Angreifer, ist man schon unterlegen, denn bei einem Zusammenprall von zwei Kräften wird stets der Stärkere siegen, also vielleicht der Angreifer. Das ist natürlich und logisch.

Im Aikido aber lernen wir, uns nicht der Angriffskraft entgegenzuwerfen und energieverzehrend aufeinanderzuprallen, sondern durch geschickte Bewegungen und besonders durch rechtzeitige, nicht hastige Ausweichschritte und -drehungen dem Angriff auszuweichen, uns den Angriffsbewegungen anzupassen. Selbst von außen sieht man nun, dass Angreifer (Uke) und Verteidiger (Nage) die selbe Zielrichtung haben. Dieses Anpassen ist das wichtigste in der Aikido-Technik. Zu erreichen ist dies nur, wenn man locker und geschmeidig ist. Im Aikido werden aus diesem Grunde kaum Kraftübungen gemacht, sondern mehr Lockerungsübungen, die sich auch in den Techniken wiederfinden. Keine Bewegung bei einer Technik darf eckig, verkrampft oder unnatürlich sein. Alle Bewegungen sind natürlich und logisch. Unwichtiges kann man „einfach" weglassen. Das hilft, die Kräfte sinnvoll und sparsam einzusetzen.

Das erfordert natürlich langes und aufmerksames Training. Das Aikido-Training entpuppt sich als sehr schwierig, denn man merkt bald, dass nicht nur die einzelnen Körperteile geschult werden, sondern der Körper in seiner Gesamtheit, und darüber hinaus auch Einfühlungsvermögen, Konzentration, Timing und Reaktion.

Das schon äußerlich deutlich sichtbare und für den Angreifer fühlbare „Miteinander" ist die Grundvoraussetzung für das gute Gelingen. Der Angreifer wird in eine runde, fließende Wellen- oder Kreis-Bewegung hineingezogen und fällt ins Leere. Dort, wo er den Nage vermutet, wohin er greift oder schlägt, ist nichts mehr. Solch eine ungewollte „Fahrt ins Leere" endet damit, dass der Angreifer in einem Hebel festgelegt wird oder sich auf dem Boden wiederfindet. Kommt während der Technik die Bewegung ins Stocken, könnte Uke sein Gleichgewicht wiederfinden, es könnte zu einem Gegeneinander kommen, zu einem Kampf, in dem Uke eine erneute Chance sucht. Die Bewegung muss also stets fließen und weiterlaufen, damit der Angreifer keinen Widerstand findet und ins Leere torkelt. Der Verteidiger wirkt durch seine Art von „Stärke" für den Angreifer wie ein Magnet, der ihn in diese Leere, diesen Strudel zieht.

Voraussetzung dafür ist, dass der Verteidiger (Nage, der Werfende) zwar locker, nicht aber passiv oder schlaff sein soll. Wichtig ist dabei die äußerste Aufmerksamkeit: er muss z.B. die Bewegung des Angreifers schon erkennen, bevor die Angriffsbewegung beginnt.

Gewaltlosigkeit (nicht Passivität) bedeutet Überlegenheit bzw. Stärke, die mit Nächstenliebe gleichzusetzen ist. Diese Art auch anderen beizubringen, ihnen zu helfen, diesen „Weg" zu finden, ist unsere Aufgabe.

Die notwendige Anpassung an Angreifer und Angriff bewirkt fast automatisch eine freundschaftliche Einstellung dem Angreifer gegenüber. Man lernt, einen Angreifer zu schonen, z.B. einen Wurf so auszuführen, dass Uke sich nicht verletzt. Durch die eigene gute Haltung und stabile Stellung ist man in der Lage, die Gesamtsituation klarer zu beurteilen als Uke, und diesen Vorteil nutzt man dazu, der inzwischen gemeinsamen Aktion ein gutes Ende zu geben — eine freundliche Belehrung für den Angreifer.

Die Vereinigung der Kräfte, die Harmonisierung der Bewegungen und die geistige Vereinigung mit dem Angreifer sind wesentliche Elemente von Aikido, und dadurch unterscheidet Aikido sich von anderen Budo-Sportarten: das drückt sich schon darin aus, dass hier nie von „Gegnern", sondern von „Partnern" gesprochen wird. Und wo Partner sich um Harmonie und gute Behandlung bemühen — wo soll es da Kämpfe geben?

So ist Aikido ein Sport ohne Kampf, ein Sport aber im Geiste des Budo. Der Ehrenkodex, der „Bushido", verpflichtet jeden Samurai, sich ritterlich zu verhalten. Auf einen Sieg auch verzichten zu können, den Angreifer durch die besondere Art des Aikido zur besseren Einsicht zu bringen, so dass er sein aggressives Verhalten aufgibt — das ist die Lehre des Aikido- Begründers, des Meisters Morihei Ueshiba.

Er sagte oft: „Aikido soll den Frieden und die Freundschaft fördern zwischen den Menschen und den Völkern" — und — „Aikido ist der Weg zur Harmonie zwischen Mensch und Universum."

Aikido-Geschichte

Der Ursprung von Aikido ist im Mittelalter Japans zu suchen (12. Jhrh. od. früher), als dort unruhige Zeiten herrschten, das Shogunat mit brutaler Hierarchie regierte und jeder gegen jeden zu kämpfen hatte.

Es wurden Kampfschulen gegründet, in denen spezielle Techniken gelehrt und vervollkommnet wurden. Geheime Techniken mit und ohne Waffen wurden trainiert und zur Perfektion gebracht und nur innerhalb eines Clans jeweils weitergegeben. Welchen Erfolg die Samurai mit ihren Kampftechniken hatten, erlebten die Mongolen unter Tschingis-Chan, die gerade über Europa und halb Asien hergefallen waren, China eroberten und nun über Korea auch gerne noch Japan besiegt hätten.

Die ganze Welt zitterte um 1200 vor ihnen, bis auf Japan . . .

Doch die Samurai, Ritter und Edelleute, eine der höchsten Kasten, die einen wichtigen Ehrenkodex — den Budo-Geist od. Bushido — als ihr Ideal hatten, lernten nicht nur mit Schwert und Lanze umzugehen und Gegner zu töten, sondern, je nach Zeitgeschmack und Geheiß des Fürsten, auch friedliche Künste, ebenfalls bis zur vollendeten Beherrschung, wie z.B. Ikebana, Kalligraphie, Lyrik, Teezeremonie, Meditation usw., zur Vervollkommnung des Geistes und zur Entfaltung von Feingefühl und Verstand.

Diesen friedlichen Künsten widmete man sich besonders in der Zeit innerer Ruhe in Japan, etwa ab 1600. Seit nämlich ein — wiederum extrem autoritärer Shogun die Macht erhielt und befahl, Japan „dicht" zu machen und keine westlichen Einflüsse mehr hereinzulassen. Nun, da die Samurai nicht mehr so viel im Kampf standen, entwickelten sich die Kriegstechniken zu Kriegskünsten, den Budo-Künsten. Sie entwickelten sich ständig weiter und sie wurden als „Sport" gepflegt, wenn auch als ziemlich rauher Sport. (Aber schließlich waren die Ritterspiele zur selben Zeit in Europa auch nicht gerade harmlos!)

Die Zeit der Ruhe dauerte 264 Jahre an. So lange hielt die Dynastie der Tokugawa das Land in Ruhe und Ordnung, wenn auch mit Strenge, eine einmalig lange Herrschaftsperiode. Der Zen-Buddhismus kam von China ins Land (wie viele andere Anregungen auch, z.B. Karate und die Schriftzeichen und die Verwaltungsreform) und vermischte sich mit der Religion des Landes, dem Konfuzianismus und später auch mit dem Christentum. Heute noch findet man alle diese und noch andere Re-

ligionen in reiner Form und auch vermischt. Der Gedanke aber
des Zen-Buddhismus, sich total und nur auf eine Sache zur Zeit
zu konzentrieren und darin aufzugehen, und durch die Über-
zeugung zu siegen, dass man sich weder vor einem Feind noch
vor dem Tode fürchten muss, dass man sich ganz zu befrei-
en hat von Angst und Beklemmung, mit freiem Geist und freier
Seele handeln, — wurde von zwei Gruppen besonders leicht
übernommen: von den Zen-Mönchen, die sich in den Klöstern
gegen die Hierarchie der Herrscher wehrten, — und von den
Samurai. Beiden gemeinsam war die angestammte und aner-
zogene Treue zu überlieferten Werten, ein Merkmal des Shin-
to. Den Herrschern war es nur recht, dass die Samurai diesem
Glauben zustimmten, denn diese Haltung stärkte ungemein die
Kampfkraft!
Diese Hintergründe finden sich bis heute in allen Budo- Sportar-
ten, besonders aber im Aikido.
Der Begründer des heutigen, modernen Aikido, O-Sensei
(Großmeister) Morihei Uyeshiba (auch Ueshiba) lernte in sei-
ner Jugend um 1900 diverse Kampfkünste und errang hohe
Dan-Grade in den damals namhaften und wichtigen Budo- Dis-
ziplinen. Er wurde berühmt als Bezwinger großer und starker
Budo-Kämpfer in ganz Japan und in der Mongolei, wohin ihn
eine religiöse Studienreise mit einem seiner Lehrer führte. Er
gründete in Tokyo eine Kampfschule und hatte bis zu 500 Schüler, vor allem ausgewählte Gruppen von Offizieren des japanischen Militärs.
Während des 2. Weltkrieges aber wandelte sich der Stil des
Meisters grundsätzlich. Er erkannte den gefährlichen Einfluß
des Militärs und der militärischen Ausbildung, und er erkannte
die Fragwürdigkeit von Krieg, Kampf und Obrigkeitsgefühl. Der
Meister zog sich 1942 mit eine paar Schülern aus der Öffent-
lichkeit zurück, erwarb ein Grundstück abseits der Großstadt in
den Bergen, baute ein neues Dojo und einen kleinen Andacht-
stempel. Dort verbrachten er und seine Schüler sechs Jahre
in völliger Abgeschiedenheit mit hartem Training. Der Meister
studierte ausführlich die Bewegungen und Abläufe der Natur —
besonders die des menschlichen Körpers, und übernahm vieles
davon in seine Techniken.
In dieser Zeit entstand das heutige moderne Aikido mit seinen
runden, natürlichen und fließenden Bewegungen. Auch der
Name AIKIDO wurde in dieser Zeit von Meister Morihei Ueshiba
geprägt.
In der Zeit davor gab es eine Reihe von Vorläufern des Aikido, sowohl bei Meister Ueshiba als auch bei anderen Meistern,
z.B. die Sportart Daitoryu-Jujutsu, womit der O-Sensei ange-

fangen hatte. Hieraus entwickelte O-Sensei Daitoryu-Aiki- Ju-jutsu, später Aiki-Jujutsu. Zudem verließen den Meister einige seiner Schüler während der Zeit der Umbildung zum Aikido und danach, weil sie sich von dem alten Stil nicht trennen wollten. (Tomiki, Mochizuki, Shioda) Als der Erfolg der neuen Sportart Aikido des Meisters Morihei Ueshiba offensichtlich wurde, nann-ten einige ehemalige Schüler des Meisters nun den Sport, den sie in ihrem eigenen Dojo machten, ebenfalls Aikido, obwohl sie doch an der alten Form festhielten. Meister Ueshiba lehrte in seinem neuen Dojo in Tokyo ab 1949. Mit der Bezeichnung AI-KIDO wollte der Begründer die völlig andere Bedeutung gegen-über den alten Formen ausdrücken.

AI = Harmonie, Freundschaft, Liebe
KI = Geist, Wille, Energie
DO = der Weg, Körper und Geist zu einen.

Schon immer war es die Suche nach dem AIKI (= KIAI), die die Budoka Japans zu den Budo-Sportarten bzw. -Künsten brach-te; nun hatte mit dem AIKI-DO der Meister Ueshiba einen Weg dazu gefunden.
Idee und Gedankengut von Meister Morihei Ueshiba wurde nicht nur von Aikido-Anhängern verehrt, sondern der Meister wurde aufgrund seiner Persönlichkeit und Leistung bald in ganz Japan berühmt und verehrt und O-Sensei genannt, was diese Achtung ausdrückt.
— Eine Sportart im Geiste des Budo-Gedankens, für alle er-reichbar, ohne Elite-Gedanken, aus der niemand ausgeschlos-sen wird, das war eine ganz neue Idee für japanische Verhält-nisse: Das Eingehen auf den Angreifer, das Akzeptieren des Angriffs und des Angreifers, sogar die freundschaftliche Begeg-nung mit dem Angreifer.
Es gab bald eine Reihe bekannter Judo-Kämpfer, die vom Be-gründer des ebenfalls erst kurz vorher entstandenen neuen JUDO, J. Kano, zum Aikido-Dojo vom M. Ueshiba geschickt wurden, damit sie im Judo besser würden. Auch vom Kendo und anderen Budo-Sportarten kamen Schüler und Meister. Manch einer blieb dann beim Aikido wie z.B. Koishi Tohei, heute 10. Dan Aikido, der im Aikido sehr berühmt wurde und in Amerika und Hawaii Aikido populär gemacht hat oder Kenji Shimizu, der spätere Aikido-Cheftrainer der Sektion Aikido. Dass Aikido erst kurz nachdem die japanische Abgeschlossenheit am Ende des letzten Jahrhunderts beendet wurde entstanden ist, ist sicher kein Zufall. O-Sensei hat immer wieder betont, dass der Sinn von Aikido eine völkerverbindende Komponente hat und dass

Aikido dafür geeignet sei, Friede und Freundschaft in der Welt zu fördern und Offenheit zwischen den Menschen zu schaffen. Interessant ist in diesem Zusammenhang der geschichtliche Aspekt: Japan trat in eine völlig neue Entwicklung ein. Nach dem 2. Weltkrieg, der japanische Kaiser hatte gerade öffentlich erklärt, er fühle sich nicht als ein Abkömmling des Sonnengottes und er verzichtete auf alle diesbezüglichen Privilegien, war die Zeit, in der O-Sensei begann, Aikido zu verbreiten. Er leitete Sonder-Kurse für Ausländer und machte Vorführungen bei Veranstaltungen mit ausländischen Gästen, während er (und andere Budo-Meister auch) vor dem Krieg fast ausschließlich Kurse und Unterricht für auserwählte japanische Teilnehmer hielt.

Bis zu seinem Tode war der Meister von einer verblüffenden geistigen und körperlichen Verfassung und Beweglichkeit.

Er war bis kurz vor seinem Tode im Dojo aktiv und verbesserte die Techniken und den Stil immer weiter.

Er starb am 26.4.69 im Alter von 86 Jahren.

Seitdem verbreiten seine Schüler Aikido in der ganzen Welt.

Die Entwicklung des Aikido in Deutschland

Schon um 1960 kamen gelegentlich japanische Aikido-Meister nach Deutschland und führten Aikido vor, aber mehr zufällig und nicht geplant. Es sollen auch hin und wieder Filme über Aikido im Fernsehen gelaufen sein; Filme, die aus Amerika oder Frankreich kamen, dort war Aikido nämlich schon seit Jahren bekannt. Von dieser „geheimnisvollen" Budo-Sportart hörte man z.B., daß ein „Aikido-Kämpfer" einen viel Schwereren oder Stärkeren mit Leichtigkeit geworfen habe oder dass einer sich gegen viele Angreifer gleichzeitig erfolgreich verteidigt habe. Was aber wirklich dahintersteckte, war nicht genug zu erfahren, es blieb lange im Bereich des Mystischen. — Bis der erste deutsche Aikido-Lehrer von seinem Judo-Japan-Aufenthalt wiederkam: der Wiesbadener Gerd Wischnewski. Er hatte seine Firma verkauft und war von dem Erlös nach Japan gefahren, um dort Judo und Karate zu studieren. Dort traf er dann auch O-Sensei Morihei Ueshiba und er verlegte sich später ganz auf Aikido und Kendo.

Als er 1966 nach drei Jahren wieder nach Deutschland kam, hatte er den 2. Dan Aikido vom Meister erhalten.

Er fing zunächst in „seinem" JC Wiesbaden an, Aikido zu unterrichten. Bald zog dies aber Kreise und er wurde Bundestrainer für Aikido im DJB und verbreitete sehr engagiert Aikido, eine schöne und anspruchsvolle Budoart, die nicht geheimnisvoll, sondern eigentlich für jeden erlernbar ist. Gerd Wischnewski stellte seine ganz Kraft in den Dienst von Aikido mit dem Ziel, es populär zu machen. Heute Jahrzehnte danach, sehen wir, wie sehr sich sein Einsatz gelohnt hat. Insgesamt haben wir in der Bundesrepublik über 10.000 Aikidoka in ca. 400 Dojos.

Natürlich gibt es immer noch Menschen, die das Wort Aikido noch nie gehört haben, aber das ist selbst in Japan nicht anders. Schließlich ist es nicht die Art der Aikidoka, laute Werbung zu machen. Es sind eher die stillen Werte, die wichtig sind. Das Wachstum soll beständig, harmonisch und organisch sein, nicht forciert.

Kurz nach der Rückkehr von Gerd Wischnewski kam noch ein weiterer Aikido-Meister nach Deutschland. K. Asai aus Tokyo, er kam auf private Einladung eines Vereins in Münster und er blieb dann hier, ebenfalls um Aikido zu verbreiten.

Nachdem zunächst beide Meister als Bundestrainer im DJB eingesetzt wurden, trennten sich aber bald ihre Wege und Herr Asai gründete ein eigenes Dojo und später einen eigenen Verband. Nun gab es zwei Verbände, die sich langsam, aber stetig entwickelten, ohne sich gegenseitig zu behindern.

1977 trat der damalige Aikido-Bundesvorsitzende im DJB, Brand, mit einem Teil seiner Anhänger aus dem DJB aus und gründete einen neuen Verband. Nun gab es drei Verbände. Der Austritt und die Nachfolgezeit gingen nicht ohne Emotionen vorüber, aber inzwischen haben sich die Fronten beruhigt. Die Aikidoka des DJB wählten Hartmut Gerber aus Wiesbaden, damals 2. Dan, zum neuen Vorsitzenden der Sektion Aikido. Es wurde ein komplett neuer Vorstand gewählt, eine Geschäftsordnung erstellt und eine DDK-Bundesgruppe Aikido wiedereingeführt. Sie besteht aus allen Aikido-Dantägern. Seitdem werden wieder alle Prüfungen von unabhängigen Dantägern mit Lizenz vom Deutschen Dan-Kollegium e.V. (DDK) abgenommen.

Die Aikidoka des DJB erlebten unter der neuen Führung in der Folgezeit eine Reihe großer und z.T. weltbekannter Aikido-Meister. Es fanden gutbesuchte Lehrgänge statt mit H. Kobayashi, 8. Dan, Tokyo, mit K. Tohei, 10. Dan, Tokyo, mit T. Kimura, 5. Dan, Nagoya, mit Y. Cauhépé, 5. Dan, Schweiz, mit J.C. Degueldre, 5. Dan, Brüssel und mit Kenji Shimizu, 7. Dan, Tokyo.

Besonders dieser letzte Meister entsprach am meisten den Vorstellungen der Sektion Aikido. Er hielt eine Reihe von Lehrgängen ab und prägte unseren Stil und unsere Art, Aikido zu machen, entscheidend.

Meister Shimizu war in den letzten Jahren beim O-Sensei „Uchideshi" und sein enger Vertrauter. (Uchidechi = persönlicher Schüler, der im Hause des Meisters wohnt). Nach dem Tode des Großen Meisters gründete er ein eigenes Dojo in Tokyo-Setagaya. Der Name des Dojo ist „Tendokan" (Tor zum Himmel). Meister Shimizu kennt unseren ersten Meister Gerd Wischnewski aus dessen Zeit im Dojo des O-Sensei.

Im Sommer 1978 ging Hartmut Gerber nach Tokyo, um im Tendokan Aikido zu machen, und er erhielt bei der Gelegenheit den 3. Dan. Weitere Dan-Träger der Sektion Aikido flogen im Laufe der darauffolgenden Jahre ebenfalls nach Japan ins Tendokandojo, um dort ihr Aikido zu verbessern und in Deutschland Shimizus Stil weiter zu verbreiten.

Am 15. Juni 1980 erstellten die Danträger der Sektion eine neue Prüfungsordnung, die sich zum Teil erheblich von der alten aus den Anfängen des Aikido in Deutschland unterscheidet und gleichzeitig ein Leitfaden für die Ausbildung ist. Die Geschichte des Aikido in Deutschland ist noch sehr jung. Sicher ist jedoch eines: Alle Aikidoka, in welchem Verein oder Verband auch immer, wünschen ihrer Budoart eine weitere harmonische Entwicklung. —

Harmonie ist ein wichtiger Bestandteil des Namens Aikido.

Das Problem...
„ein eckiges Ding rund zu machen".

Aikido zeichnet sich unter anderem durch dynamische Kreisbewegungen aus. Eine gute Aikidotechnik muß „fließen". Versucht man aber Fehler in der Bewegung, im Timing oder bei der Führung der Technik durch erhöhten Kraftaufwand auszugleichen, fehlt der Technik der Schliff, sie wirkt unnatürlich und eckig.

Meister Shimizu forderte die Schüler auf, durch fleißiges Training ihre Technik zu verbessern, „das eckige Ding rund zu machen" Wer im Aikido Techniken mit Angriffscharakter sucht, wird diese vergebens suchen. Es ist einer der Grundsätze, auf der diese Budo-Art fußt, dass alle Aikidotechniken erst durch den oder die jeweiligen Angreifer bedingt und möglich werden.

Im Training ist es Uke, der Übungspartner, der mit der nötigen Ernsthaftigkeit und Entschlossenheit einen Angriff ausführt. Nage, der Angegriffene, reagiert, indem er die gegen ihn geführten Kräfte z.B. aus einem Schlag aufnimmt, umleitet und verstärkt gegen den Angreifer selbst richtet. Es ist das Los des Verteidigers, sich ausschließlich nach dem zuerst agierenden Angreifer in der Wahl seiner Techniken richten zu müssen. (Es sei denn, er bewegt den Angreifer, z.B. durch eine Finte, zu einer bestimmten Aktion.) In aller Regel hat der Angreifer, bedingt durch einen gewissen Zeitvorsprung und dadurch, dass er seine Angriffstechnik frei wählt, einen entscheidenden Vorteil. Diesen Vorteil kann der Verteidiger nur wettmachen, indem er sich durch ständiges Training ein hohes Maß an Zeitgefühl, Körperbeherrschung und die Fähigkeit aneignet, Situationen im Moment reaktionsschnell und richtig zu erfassen.

Da so ein „lebendiges" Aikido nur unter den oben genannten Voraussetzungen überhaupt zu praktizieren ist, werden oft viele Anfänger dieser Budo-Art entmutigt und geben deshalb schon bald auf.

Erfolgserlebnisse sind am Anfang — im Gegensatz zu den meisten anderen Budo-Disziplinen — zunächst sehr rar. Hier setzt die Aufgabe eines guten Lehrers an, die Schüler zu motivieren. (Gleichermaßen sind natürlich auch die Schüler gefordert, ein gewisses Maß an Willensstärke aufzubringen.) Es gibt mehrere Aspekte, unter denen man das Wesen der Aikidotechniken beleuchten kann.

Der europäischen Denkweise entsprechend, lassen sich Aikidotechniken wohl am besten durch physikalische Zusammenhänge
erläutern und verständlich machen. Menschen, die bis dato noch
nie mit fernöstlichen Denkweisen konfrontiert wurden, sollte man
als Lehrer zwar dafür interessieren, sie aber auch nicht überfor-
dern.

Je mehr sie Aikido „erfahren", werden sie von selbst erkennen, dass
es nicht nur über die „Relaisstation Kopf" zu erfassen ist: Wie der
Weg auch beschritten wird, fest steht, dass jeder, der als wirklicher
Meister dieser Budo-Art bezeichnet werden kann, durch intensives
Training einen intuitiven Einblick in die Zusammenhänge zwischen
Kräften, Drehungen und Drehmomenten gewonnen hat. Es ist möglich, alle Angriffe und deren Kontermöglichkeiten auf ihre physikali-
schen Gesetzmäßigkeiten hin zu untersuchen und sie ohne besondere Vorkenntnisse der Physik den Schülern aufzuzeigen.

Als Beispiel sei hier die Grundtechnik (Ikkyo-ura) angeführt. Es
geht hier nur darum, zu demonstrieren, wie es dazu kommt, dass
Uke fällt und dabei Nages Einsatz zu verdeutlichen. Ausgegangen
wird dabei natürlich von Ukes Angriff. Jeder Angriff hat für sich genommen eine bestimmte Bewegungsrichtung. Erwiesen ist, dass,
um z.B. einen Fauststoß oder einen gerade geführten Schlag zum
Gesicht auf seiner direkten Bewegungslinie abzustoppen, ein Kraftaufwand von über 300-400 Kilopond (je nach Schlagkraft) notwendig ist. Dass dabei auch der Verteidiger zu Schaden kommt, liegt
auf der Hand.

Hingegen genügt die Kraft von ungefähr nur einem Kilopond, um den gegnerischen Schlag ca. einen Zentimeter abzulenken! Je spitzer der Winkel des abwehrenden Armes zur Bewegungsrichtung des angreifenden Schlagarmes dabei ist, desto besser ist der Effekt. Siehe Zeichnung Nr. 1 und Nr. 2: Nage bewegt sich aus der Angriffsrichtung heraus und beginnt den Schlag mittels „Tegatana", der Schwerthand, in eine Kreisbewegung umzulenken. Dabei bestimmt Uke noch immer die Kraftrichtung. Doch bereits mit der Führung des Schlagarmes beginnt Nage, Ukes Gleichgewicht zu stören. Er arbeitet nämlich nicht gegen dessen Kraft, sondern mit ihr und setzt dieser sogar noch weiteren Schub hinzu. Uke ist nicht mehr fähig, seinen eigenen Schlag abzubremsen. Nachdem Nage das Gleichgewicht des Angreifers so weit gestört hat, lenkt er weiter in eine diagonal geführte Kreisbahn. Nage befindet sich auf der Drehachse im Zentrum der Kreisbewegung. Jetzt wird Ukes Gleichgewicht durch die in diesem Falle wirkenden Zentrifugalkräfte völlig gebrochen. In Zeichnung Nr. 3 stürzt Uke bereits auf einen Boden. Nage bindet den Angreifer, indem er nach dessen Sturz die Schulter des Schlagarmes auf den Boden drückt. Der Angreifer kann daraufhin im Haltegriff festgelegt werden: Bild Nr. 4.

Auf diese Weise lassen sich alle Hebel und Würfe funktionell erklären, was vielen Schülern eine wichtige Hilfe ist. Diese theoretische Analyse muß nur notwendigerweise durch ständiges Üben dem Aikidoka „in Fleisch und Blut übergehen." Dann ist das praktizierte Aikido tatsächlich spontan und lebendig. Das Ding ist dann schon ziemlich rund ....

Übersetzung der gebräuchlichsten japanischen Fachausdrücke

1. Allgemeines:

Shizentai	Grundstellung, natürliche Stellung
Kamae	Stand, Stellung, Position
Migi Kamae	Rechtsstellung
Hidari Kamae	Linksstellung
Maai	Distanz, Abstand, Entfernung zum Gegner
Gyaku-hanmi	Uke und Nage stehen sich gegenüber in Rechts- und Linksstellung o. umgekehrt.
Ai-hanmi	Uke und Nage stehen sich diagonal gegenüber, also beide in Rechts- oder Linksstellung.
Tegatana	Schwerthand
Sabaki	Bewegung, sich verteidigen, sich drehen und geschickt ausweichen.
Irimi	Bezeichnung der Bewegung, hier: „Mit dem Körper eintreten"; direkter Eingang in eine Technik.
Tenkan	Bezeichnung der Bewegung — hier: Drehen; ausweichende kreisförmige Bewegung.
Omote	Bezeichnung der Stellung von Uke und Nage zueinander während der Technikausführung. Hier: „Vorderseite", d.h. die Partner sind einander zugewandt.
Ura	Bezeichnung der Stellung von Uke und Nage zueinander während der Technikausführung. Hier: „Rückseite", d.h. Nage befindet sich seitlich von Uke oder an dessen Rückseite. (Siehe dazu auch: „Irimi-Tenkan und Omote-Ura"!).

Ukemi	„Sich schützen"; sich schützen durch geschicktes, richtiges Fallen; Fallschule.
Mae Ukemi	Vorwärtsfallen (-rollen)
Ushiro Ukemi	Rückwärtsfallen (-rollen)
Yoko Ukemi	Seitwärtsfallen
Shikko	Auf den Knien gehen
Nage	Verteidiger
Za-ho	„Die Art des Sitzens"; Beim Aikido gemeint: der Kniesitz.
Agura	Bequemes Sitzen mit vorn übereinandergeschlagenen Beinen
Ki	geistig-seelische Kraft (Lebensstrom, Wille, Energie, innere Persönlichkeit).
Kokyu	Strom der geistig-seelischen Kraft.
Kokyu-ho	Weg, andere durch Kokyu zu führen (abstrakt) oder auch Überwindung der angreifenden Kraft (konkret) Atemkraftübung.
Kokyu-nage	Die Kunst, andere durch „Kokyu" zu werfen.
Randori	Freie Übungsform ohne Ukes aktiven Widerstand.
Jiyu-waza	Freies Verteidigen.

2. Angriffsarten:

Katate-tori	Griff einer Hand (Entweder in der Stellung Gyaku-hanmi oder in Stellung Ai-hanmi.
Eri-tori	Griff zum Kragen
Sode-tori	Griff zum Ärmel

Ryote-tori	Griff beider Hände
Katate-Ryote-tori	Zwei Hände fassen ein Handgelenk
Kata-tori	Griff zur Schulter
Ushiro-Ryote-tori	Griff beider Hände von hinten
Yokomen-uchi	Schräger Schlag von vorne
Shomen-tsuki	Gerader Stoß von vorne
Shomen-uchi	Gerader Schlag von vorne
Ushiro-katate-tori-kubi-shime	Griff einer Hand und Würgen von hinten.
Mune-tori	Griff zum Revers
Ushiro-eri-tori	Griff von hinten in den Kragen
Ushiro-ryokata-tori	Griff beider Hände von hinten an die Schultern
Ushiro-kakae-tori	Umklammerung von hinten
Ushiro-kubi-shime	Würgen von hinten
Yoko-kubi-shime	Würgen von der Seite
Tanto-dori	Messerangriff
Jo-tori	Stockangriff

3. Verteidigungstechniken:

Atemi	Treffer auf empfindliche Punkte des Körpers (ateru = schlagen, stoßen mi = Körper)

NAGE-WAZA

Nage-waza	Wurftechniken
Shiho-nage	„Vier-Richtungswurf" (auch als Schwertwurf bekannt)

Irimi-nage	„Innen- oder Eingangswurf"
Uchi-kaiten-nage	„Schleuderwurf" mit innerem Eingang
Soto-kaiten-nage	„Schleuderwurf" mit äußerem Eingang
Kote-gaeshi	„Handgelenksaußendrehwurf"
Tenchi-nage	„Himmel- und Erdewurf"
Koshi-nage	Alle Würfe über die Hüfte bzw. Taille, auch sog. Hüfträder im Aikido. Es gibt viele Varianten, die nicht näher bezeichnet werden.
Sumi-otoshi	„Eckenkippe"
Kokyu-nage	„Atemkraftwurf"

Zu allen Wurftechniken gibt es mögliche Varianten, die hier nicht näher bezeichnet sind.
Bei Prüfungen hat der Prüfling die **Grundformen** der Würfe zu demonstrieren! Nur soweit es das Prüfungsprogramm verlangt, soll er auch Varianten zeigen können.

KATAME-WAZA

Katame-waza	Hebelhaltetechniken am Boden
Ikkyo	1. Form „Armstreckhebel-Haltegriff"
Nikyo	2. Form „Armdrehhebel-Haltegriff"
Sankyo	3. Form „Handdrehhebel-Haltegriff"
Yonkyo	4. Form „Armpreßdrehhebel-Haltegriff"

„Irimi-Tenkan" und „Omote-Ura"

Es sind nicht nur komplizierte Bewegungsabläufe, die dem Aikidoanfänger zunächst Probleme bereiten, sondern auch die vielen japanischen Fachausdrücke machen ihm das noch ungewohnte „Mattenleben" schwer.

Das Lernen dieser Fachausdrücke ist jedoch notwendig und vor allen Dingen auch äußerst nützlich! (Das wird jeder spätestens dann feststellen, wenn er sich selbst in einem Fachgespräch mit einem Ausländer unmißverständlich ausdrücken kann und zwar auf Japanisch!

Bei den meisten Begriffen ist die Übersetzung vom Japanischen ins Deutsche problemlos.

Einige Begriffe aber sind selbst für Japaner, die nicht vom Fach sind, unverständlich und bedürfen hier bei uns erst recht einer ausführlicheren Erklärung.

So zum Beispiel die beiden „Begriffspaare": IRIMI-TENKAN und OMOTE-URA.

Da diese Begriffe beim täglichen Training auftauchen und zum Grundverständnis bestimmter Technikabläufe notwendig sind, seien sie hier näher beschrieben:

IRIMI und TENKAN sind Bezeichnungen der Bewegung. IRIMI bedeutet frei übersetzt etwa: „Mit dem Körper eintreten". TENKAN steht für „Drehen". Beide Begriffe beinhalten jedoch keine Gegensätze.

So ist es möglich, dass im Gesamtverlauf einer Aikidotechnik beide Bewegungsformen enthalten sind. Man kann also auch von Teilbewegungsarten bei der Technikdurchführung sprechen.

OMOTE und URA bezeichnen dagegen keine Bewegungen. OMOTE bedeutet „Vorderseite" und URA „Rückseite". Hier werden also Gegensätzlichkeiten charakterisiert. Tritt man auf die Vorderseite des Angreifers (Uke) direkt zu, heißt die Technikdurchführung „OMOTE". Es kommt bei der Bezeichnung also nur auf die Stellung der beiden Partner zueinander an und nicht darauf, welche Bewegungsform der Verteidiger (Nage) anwendet. Als „URA" wird dementsprechend die seitliche oder die abgewandte Stellung der Partner zueinander bezeichnet.

Bei Technikdurchführungen spricht man deshalb von einer OMOTE- bzw. einer URA-Ausführung, weil im Gesamtverlauf die Partner — unabhängig von ihrer Bewegung — entweder vis-a-vis zugewandt oder voneinander abgekehrt sind.

Viele Aikidotechniken, d.h. die gesamte Gruppe der „Katamewaza" (Festlegetechniken) und eine Reihe von Wurftechniken,

„Nage-waza", lassen sich als OMOTE- sowie auch als URA- Variation durchführen.

Zusammenfassend kann man sagen, die Aikidotechniken beinhalten sowohl IRIMI- als auch TENKAN-Bewegungsabläufe. Die Verknüpfung dieser Bewegungsabläufe führen zur Gesamttechnik, die je nach der Stellung der Partner zueinander als OMOTE- oder als URA-Ausführung bezeichnet wird. Während bei der OMOTE-Ausführung IRIMI-Bewegungen überwiegen, sind es bei der URA-Ausführung die TENKAN- Drehungen.

Alles klar jetzt?! — Na, dann viel Spaß beim Üben!

Die Aikido-Techniken

1. Eingangsform
Gegen Angriff Yokomen-Uchi

Anmerkung:
In dieser Eingangsform wird Ukes Schlag verstärkt in die Angriffsrichtung weitergeführt. Anschließend ergeben sich zwei
Möglichkeiten der Weiterführung:
1.- Direktes Weiterleiten in der begonnenen Kreisbahn (Spirale)
2.- Führung der Kreisbahn nach oben, danach durch die gleiche
Doppelschrittdrehung wieder zurück an Ukes Schlagarmseite
drehen.
(Siehe Bildsequenz „Kote-Gaeshi")

2. Eingangsform

Gegen Angriff Yokomen-Uchi

Anmerkung:
Es gibt verschiedene Möglichkeiten den Angriff Yokomen- Uchi
aufzunehmen.
Der Schlagarm wird zunächst in der Schlagrichtung aufgenom-
men und sofort nach Ende des Schlagimpulses in die Gegen-
richtung umgeleitet. Die Weiterführung kann dann sowohl eine
Omote- (Pfeilrichtung in Bild Nr. 4) wie auch eine Ura- Ausführung sein.
(Z.B. Kote-Gaeshi, Irimi-Nage, Ikkyo etc.)

Katame-Waza

3. Ikkyo

Ausführung: Omote
Angriff: Mune-Tori

Anmerkung:
Nages Griffassung des Handrückens wird aus Sicherheitsgründen bis zum Endhaltehebel nicht gelöst. Obwohl die Griffassung einer Nikyoform ähnelt, handelt es sich hierbei um Ikkyo als Endhaltegriff.
Diese Fassart wird bei einigen Angriffen angewendet, bei denen Nage zum Handrücken übergreifen muss. Z.B. bei Gyaku-Hanmi-Katate-Tori und Eri-Tori.

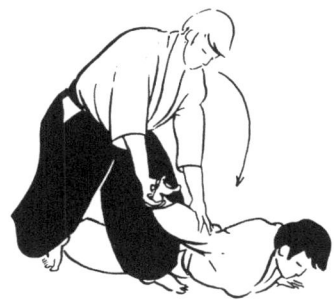

4. Ikkyo

Ausführung: Ura
Angriff: Ushiro-Ryote-Tori

Anmerkung:
Es kommt darauf an, dass Uke bereits in der Anfangsphase durch Nages Schneidebewegung des inneren Armes, sowie des sichelförmig gestreckten äußeren Armes nach vorne aus dem Gleichgewicht gezogen wird.

5. Nikyo

Ausführung: Ura
Angriff: Shomen-Uchi

Anmerkung:
Grundsätzlich werden alle Katame-Waza-Techniken zunächst
wie die Grundform Ikkyo geführt.
Die Hebelwirkung der Nikyo-Form verstärkt sich durch Ukes
Eigenbewegung. Nage nutzt in der zweiten Phase Ukes Bestreben, den Arm wieder zu strecken, zur Weiterführung Ukes
zum Boden aus.

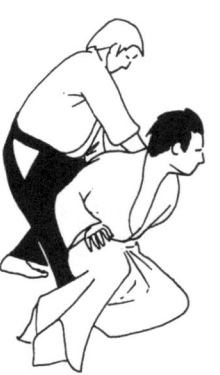

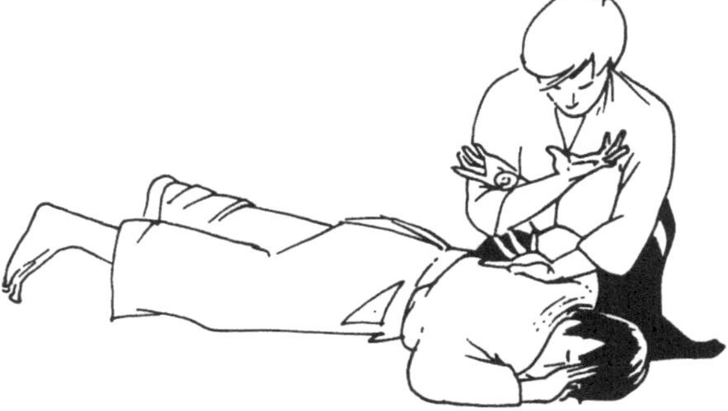

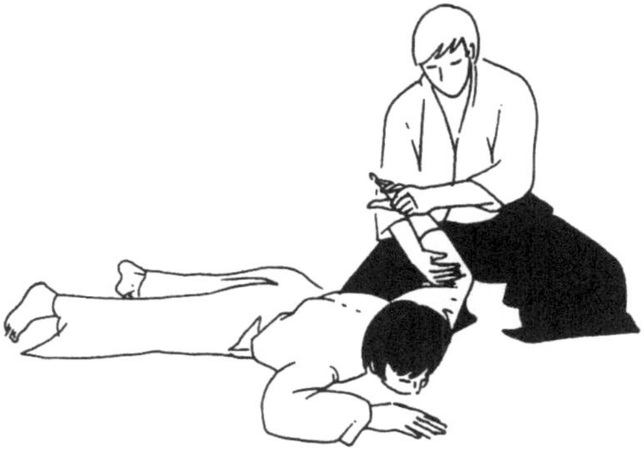

6. Sankyo

Ausführung: Omote
Angriff: Shomen-Uchi

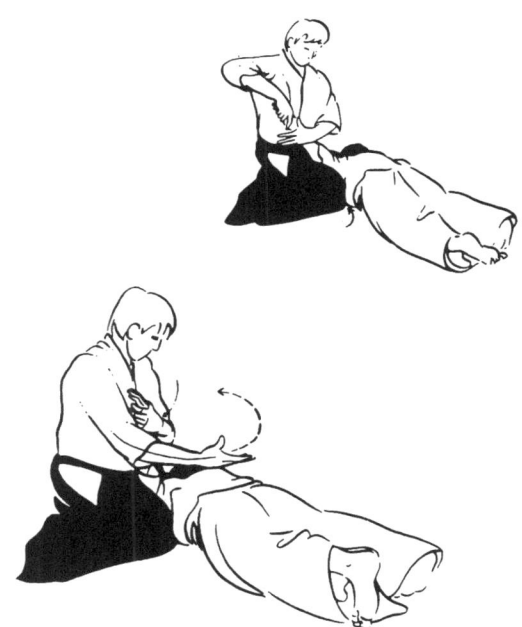

Anmerkung:
Der Eingang entspricht grundsätzlich wie bei allen Katame-Wa-za-Eingängen der Ikkyo-Form!
In der Omote-Ausführung wird der Irimi-Eingang durch einen leichten Ausfallschritt und dem direkt auf Ukes Zentrum gerichteten Schritt eingeleitet.

7. Sankyo

Ausführung: Ura
Angriff: Shomen-Uchi

Anmerkung:
Nage bricht Ukes Gleichgewicht, indem er eingangs Ukes Schlag
in Angriffsrichtung noch verstärkt und die gradlinige Richtung in
eine kreisförmige umleitet.

8. Sankyo

Ausführung: Ura
Angriff: Ushiro-Ryote-Tori

Anmerkung.
Beim Angriff Ushiro-Ryote-Tori kann unter Umständen auf das
Hochführen des Uke (siehe Bild Nr. 4) verzichtet werden, wenn
Ukes Gleichgewicht bereits gebrochen ist.
Uke kann in diesem Fall sofort nach unten weitergeführt werden
(siehe Bildfolge ohne Bild Nr. 4).

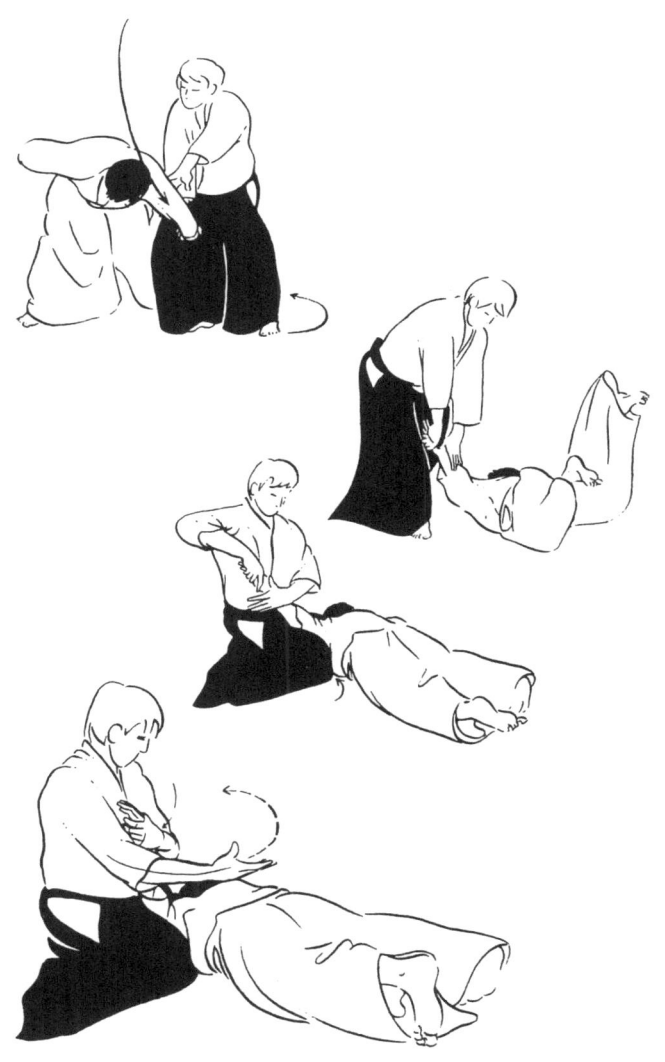

9. Yonkyo

Ausführung: Ura
Angriff: Shomen-Uchi

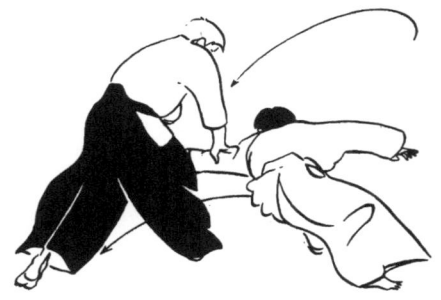

Anmerkung:
Alle Eingangsformen gleichen denen des Ikkyo.
Uke wird aus Sicherheitsgründen immer erst bis zum Boden geführt. Erst dort wird der Yonkyo-Haltegriff angesetzt. Nage bleibt dabei im Stand.
Nages inneres Bein drückt dabei in Ukes Achselhöhle.

Nage-Waza

10. Shiho-Nage

Ausführung: Omote
Angriff: Ryote-Tori

Anmerkung:
Bereits aus dem Griffansatz heraus leitet Nage Ukes Angriff dahingehend weiter, dass beide eine gemeinsame Bewegungs- richtung haben, in der Ukes Gleichgewicht gebrochen wird.

11. Shiho-Nage

Ausführung: Omote
Angriff: Mune-Tori

Anmerkung:
Entscheidend kommt es bei dieser Technik darauf an, dass Ukes Gleichgewicht von Anfang an durch Nages Zugbewegung (Sabaki) und den Einsatz der Tegatana gebrochen wird. Es ist wichtig, daß Uke im Zeitpunkt des Durchtauchens von Nage noch immer labil ist.

12. Shiho-Nage

Ausführung: Omote
Angriff: Yokomen-Uchi

Anmerkung:
Uke und Nage müssen nach der Eingangsphase eine gemeinsame Bewegungsrichtung haben. (Siehe Bild Nr. 3)
Das heißt, dass die Schultern beider in dieser Phase nicht ge-
geneinanderstoßen dürfen.

13. Irimi-Nage

Angriff: Shomen-Uchi

Anmerkung:
In der Endphase muss Ukes Kopf fest an Nages Schulter gepresst sein. Nages Arm beschreibt einen großen Bogen.
Uke kommt durch Drehung von Genick/Wirbelsäule zu Fall (Torsionshebel).

14. Kote-Gaeshi

Angriff: Shomen-Uchi

Anmerkung:
Folgende wichtige Voraussetzungen für das Gelingen des Kote-Gaeshi müssen erfüllt sein.
- Große Sabaki-Bewegung.
- Uke muss sich ständig in einer Zugbewegung befinden.
- Armführung immer vor dem Körperzentrum.
- Technik muss in einer Phase (eine Atmung) ausgeführt werden.
- Abstand (Maai) beachten!
Nach der Wurfausführung wird Uke durch einen Armhebel auf den Bauch gedreht und mit einem Nikyo-Hebel festgelegt. Nage bleibt dabei im Stand!

15. Kote-Gaeshi

Angriff: Yokomen-Uchi

Anmerkung:
Es gibt mehrere mögliche Eingangsformen. In dieser Darstellung wird eine Grundform gezeigt.
Bei allen Varianten arbeitet Nage nie gegen den Schlag, sondern bewegt sich mit der Schlagrichtung und leitet diese weiter bis Ukes Gleichgewicht gebrochen ist.

16. Kote-Gaeshi

Angriff: Ryote-Tori

Anmerkung:
Schon beim Eindrehen zur Technik muss Nage auf die Zugbewegung seiner beiden Arme achten und seinen Oberkörper möglichst aufrecht halten.

17. Koshi-Nage

Angriff: Ryote-Tori

Anmerkung:
Der Eingang in diesen Koshi-Nage gleicht anfangs dem Eindrehen in den Shiho-Nage. Ukes Arm wird jedoch nicht nach hinten gehebelt, sondern unter Spannung nach oben gestreckt.
Achtung: Nages Arm bleibt sichelförmig gestreckt, sein Oberkörper bleibt aufgerichtet!

18. Koshi-Nage (Variante)

Angriff: Shomen-Uchi

Bei dieser Variante ist besonders auf das exakte Timing zu achten!
Wegen des besonderen Schwierigkeitsgrades dieser Koshi-Nage-Variante, sollten Kyu-Grade die Prinzipien des Koshi-Nages zunächst an einfacheren Grundformen erlernen.

19. Uchi-Kaiten-Nage

Angriff: Gyaku-Hanmi - Katate-Tori

Anmerkung:
Wie beim „Soto-Kaiten-Nage" dominiert die große Sabakibe-
wegung und die dauernde Führung Ukes durch Nages Schwert-
arm (= Hand).
Achtung: Beim Durchtauchen in der Eingangsphase muss Nages Oberkörper aufrecht bleiben!

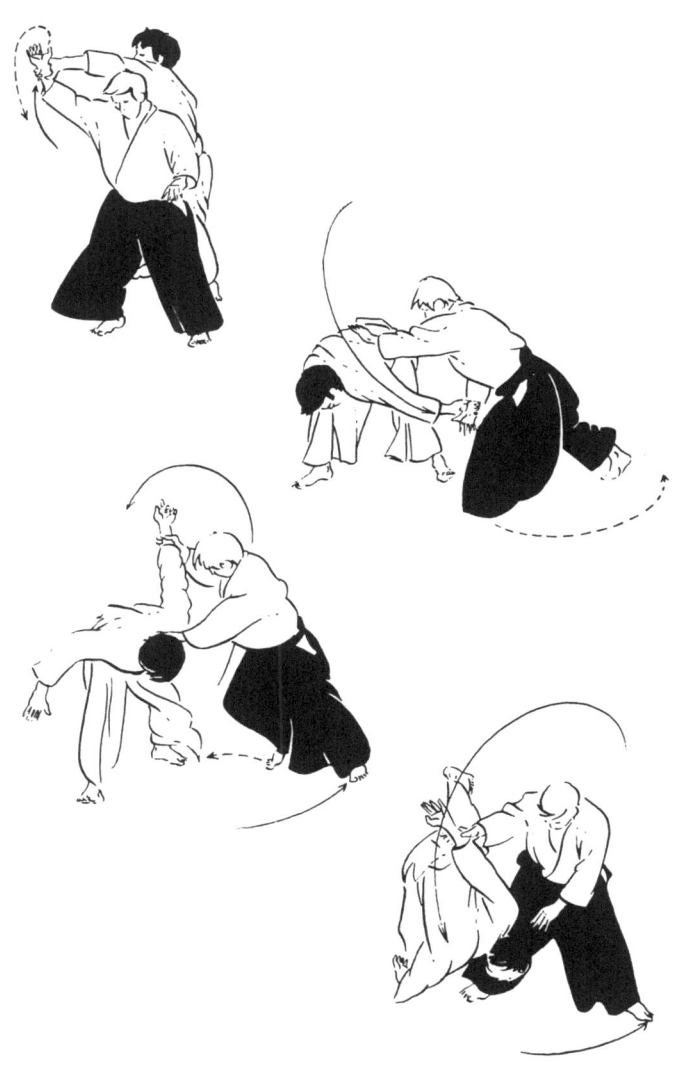

20. Soto-Kaiten-Nage

Angriff: Gyaku-Hanmi - Katate-Tori

Anmerkung:
Durch Nages betonten Einsatz der „Schwerthand" (Tegatana)
— fast bis zum Boden — und seine großen Sabakibewegungen
wird Ukes Gleichgewicht gebrochen.

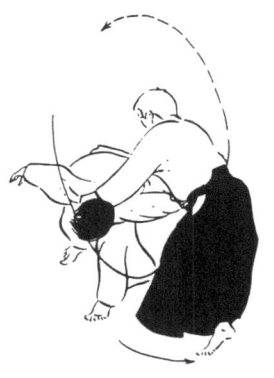

Suwari-Waza

21. Kokyu-Ho

Angriff: Ryote-Tori

Anmerkung:
Bei dieser Übung sollen die Prinzipien des Gleichgewichtbrechens und der Einsatz der Atemkraft geschult werden.
In der Endphase drückt Nage nicht ständig auf Ukes Brustkorb. Sein passiver Widerstand setzt erst bei Ukes Bestreben, sich aufzurichten, ein. Nicht er selbst, sondern Uke verursacht Nages (Re-) Aktion.
Ukes eigene Kraft wird auf ihn selbst zurückgeführt, bedingt durch Nages korrekte Körperhaltung und Atmung. (Körperzentrum tief, Schwerpunkt tief).

22. Ikkyo

Ausführung: Omote
Angriff: Shomen-Uchi

Anmerkung:
Nage begegnet Ukes Angriff, indem er zunächst den ersten
Schritt leicht nach außen stellt und den nächsten direkt nach in-
nen auf Ukes Zentrum richtet.

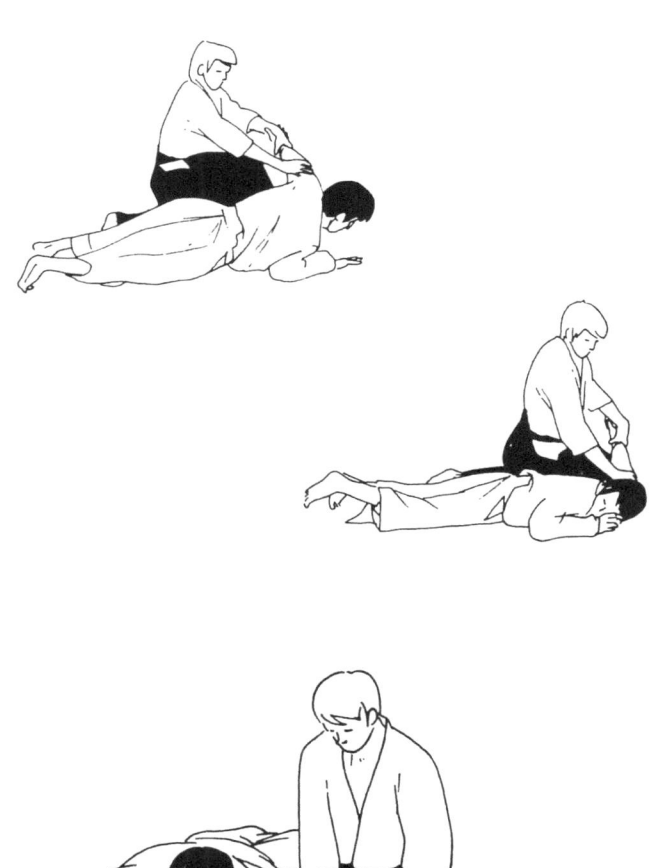

23. Ikkyo

Ausführung: Ura
Angriff: Shomen-Uchi

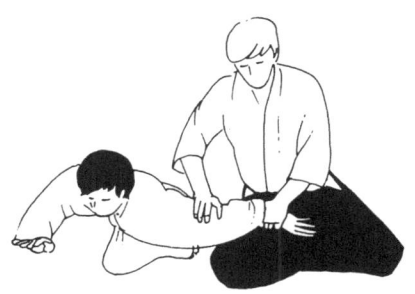

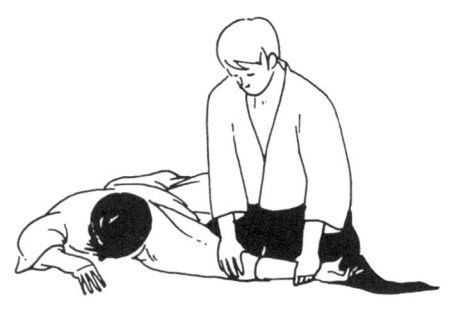

Anmerkung:
In der Endphase bleiben Nages Zehen aufgesetzt, sein Körperschwerpunkt ruht etwa über dem Ellenbogengelenk. Durch Spreizen der Knie wird Ukes Arm gestreckt und unter Spannung gehalten.

Prüfungsbestimmungen für
Aikido-Kyu-Grade

Anmerkung zur Kyu-Prüfungsordnung:

Alle Techniken und Ausführungen jeweils rechts und links. Bei „Vorkenntnisse" sollen die Ausführungen besser sein als für eine vorangegangene Prüfung. Ist eine Technik verlangt, die in einer vorangegangenen Prüfung bereits einmal verlangt worden ist, muss zu erkennen sein, dass sie nun in der Ausführung der höheren Graduierung entspricht.

Beim Vorführen derselben Technik in der anstehenden Prüfung sind jeweils andere Ausführungen zu zeigen als im Fach „Vorkenntnisse".

Prüfungsfach	Technik	Angriff

5. Kyu   Go-Kyu

II. UKEMI
Mae-ukemi, Ushiro-ukemi, Yoko-ukemi

III. NAGE-WAZA

1. Shiho-nage	(omote + ura)	1. Gyaku-hanmi katate-tori
	(omote + ura)	2. Ai-hanmi-katate-tori
2. Irimi-nage		Shomen-Uchi
3. Kote-gaeshi		Shomen-Uchi

IV. KATAME-WAZA

| Ikkyo | (omote + ura) | 1. Ai-hanmi-kate-tori |
| | (omote + ura) | 2. Shomen-uchi |

4. Kyu   Yon-Kyu

I. VORKENNTNISSE
5. Kyu

II. UKEMI

Wie bei 5. Kyu

III. NAGE-WAZA

1. Shiho-nage	(omote + ura)	1. Ryote-tori
	(omote)	2. Mune-tori
2. Kote-gaeshi		Shomen-tsuki
3. Uchi-kaiten-nage		Gyaku-hanmi-katate-tori

IV. KATAME-WAZA

Nikyo	(omote + ura)	1. Ai-hanmi-katate-tori
	(omote + ura)	2. Shomen-Uchi

3. Kyu   San-Kyu

I. VORKENNTNISSE
5. + 4. Kyu

II. UKEMI
Wie bei 4. Kyu. Zusätzlich Freier Fall.

III. NAGE-WAZA

1. Shiho-nage	(omote + ura)	Yokomen-uchi
2. Irimi-nage		Katate-ryote-tori
3. Kote-gaeshi		Yokomen-uchi
4. Koshi-nage		Shomen-Uchi

IV. KATAME-WAZA

1. Ikkyo	(omote)	Mune-tori
2. Sankyo	(omote + ura)	1. Ai-hanmi-katate-tori
	(omote + ura)	2. Shomen-Uchi

V. USHIRO-WAZA

Eine Technik nach Wahl	
	Nach Wahl

VI. SUWARI-WAZA
Kokyu-ho   Ryote-tori

2. Kyu   Ni-Kyu

I. VORKENNTNISSE
5., 4., 3. Kyu

III. NAGE-WAZA

1. Koshi-nage   Zwei weitere Angriffe
                                            nach Wahl
2. Sumi-otoshi   Gyaku-hanmi-
                                            katate-tori

IV. KATAME-WAZA

Yonkyo   (omote + ura)   1. Ai-hanmi-
                                            katate-tori
                        (omote + ura)   2. Shomen-Uchi

V. USHIRO-WAZA

Zwei Techniken   nach Wahl
nach Wahl

VI. SUWARI-WAZA

1. Ikkyo   (omote + ura)   Shomen-Uchi
2. Kokyu-ho   Ryote-tori

VII. JIYU-WAZA

Freie Verteidigung   Ein Angreifer, freier
                                            Angriff

1. Kyu   Ik-Kyu

I. VORKENNTNISSE
5., 4., 3., 2. Kyu

III. NAGE-WAZA

                                            Yokomen-uchi

1. Irimi-nage,
drei Eingänge

2. Koshi-nage,		Drei weitere An-
		griffe nach Wahl
3. Soto-kaiten-nage		Gyaku-hanmi
		katate-tori

IV. KATAME-WAZA

1. Nikyo	(omote + ura)	Mune-tori
2. Sankyo	(omote + ura)	Gyaku-hanmi-
		katate-tori
3. Yonkyo	(omote + ura)	Gyaku-hanmi-
		katate-tori

V. USHIRO-WAZA

Drei Techniken
nach Wahl

Nach Wahl

VI. SUWARI-WAZA

1. Nikyo	(omote + ura)	Shomen-Uchi
2. Kokyu-ho		Ryote-tori

VII. JIYU-WAZA

Freie Verteidigung

Ein Angreifer,
freier Angriff

Tipps für Prüflinge

Aikido muss man intensiv und regelmäßig üben! Zum Erwerb guter Technik ist vor allem Übung und nochmals Übung erforderlich. Den geistigen Hintergrund des Aikido erkennt und erfährt der Anfänger erst allmählich. Dieser Erkenntnisprozess wird durch immer wieder kehrendes Training und Beschäftigung mit der Materie gefördert, nicht durch feierliches Umherblicken und „überirdisches Verhalten" - Aikido soll auch Spaß machen!

Um die Fortschritte im Aikido zu überprüfen, hat man nach japanischem Vorbild Gürtelklassen (Kyu- und Dangrade) geschaffen. Um einen Gürtel zu erwerben, muss man eine Prüfung machen. Jeder Aikidoka sollte sich bemühen, den Gürtel zu erwerben, der seinem Können tatsächlich entspricht. Dabei ist übertriebener Eifer (Eine Maus mit Dan-Grad ist noch lange kein Elefant!) ebenso falsch wie die Verweigerung von Prüfungen. Gürtelprüfungen sollen sozusagen ein Abfallprodukt des normalen Trainings sein. Wer über einen gewissen Zeitraum regelmäßig und intensiv trainiert hat, ist einfach reif für die nächste Gürtelprüfung - er sollte auch gelernt haben, vor ein bisschen Prüfungsangst nicht zu kapitulieren, sondern sich zu überwinden.

Man sollte sich rechtzeitig zu einer Prüfung anmelden und sich einige Zeit vorher noch einmal intensiv auf die technische Prüfung vorbereiten. Was bei einer Prüfung verlangt wird, kann man dem Aikido-Brevier entnehmen. Es hat sich herumgesprochen, dass man bei der Prüfung etwas wissen und gewisse Fertigkeiten aufweisen muss. Prüfungen wären nutzlos, wenn jeder, also auch der Nichtskönner, immer bestehen würde. Aikido-Techniken haben international gebräuchliche japanische Namen. Jeder Prüfling hat die Namen der Techniken und Angriffsarten zu wissen.

Bezüglich seiner technischen Fertigkeiten ist es zweckmäßig, vor der Prüfung einen Prüfer zu befragen, um Korrekturen zu bitten usw.

Am Tag der Prüfung ist es notwendig, sofern man schon eine Kyu-Prüfung abgelegt hat, einen Beleg über die vorangegangene Prüfung (Passeintragung, Urkunde vorzulegen, sowie die entsprechenden Kenntnisse zu besitzen. Prüflinge haben bei Prüfungen pünktlich zu erscheinen! Ein gewaschener Anzug kann dabei nicht schaden. Es müssen Prüfungsgebühren entrichtet werden (diese Gebühren verfuttern übrigens nicht die Prüfer, sie dienen dazu, den Sportbetrieb zu fördern, z.B. Lehrgänge zu veranstalten, einen minimalen Verwaltungsaufwand sicherzustellen usw.).

Prüfungen brauchen leider Zeit! Prüflinge werden dabei einem „Geduldtest" unterzogen. Wer auf „Chancengleichheit" Wert legt, sollte den Prüfern nicht übel durch lautes Quatschen oder wirres Hin- und Herrennen auffallen!

Es ist nützlich bei den Vorgängern auf „tückische Prüferfragen" zu lauern und zu überlegen was man selbst antworten könnte.

Wenn man „dran ist", sollte man ruhig und konzentriert nach bestem Wissen Auskunft geben. Das Bekämpfen des Lampenfiebers ist Inhalt jeder Prüfung. Und wenn es wirklich einmal passieren sollte, dass es „einen erwischt" und man die Prüfung nicht besteht, nicht diskutieren, nicht schimpfen — nur ärgern, erneut gründlich vorbereiten und zur nächsten Prüfung gehen!

Prüfungsbestimmungen für Aikido-Dangrade

Anmerkung siehe Kyu-Prüfungsordnung

1. Dan   Sho-Dan

I. VORKENNTNISSE
5. bis 1. Kyu

III. NAGE-WAZA

1. Kote-gaeshi	3 weitere Angriffe nach Wahl
2. Irimi-nage	3 weitere Angriffe nach Wahl
3. Tenchi-nage	Ryote-tori

IV. KATAME-WAZA

1. Ikkyo—Yonkyo   (omote und ura)   Shomen-Uchi
– Vorführung fließend und nacheinander –
2. Ikkyo   Yokomen-uchi

V. USHIRO-WAZA

2 Techniken nach Wahl   Ushiro-ryote-tori

VI. SUWARI-WAZA

1. Ikkyo   (omote und ura)
2. Nikyo   (omote und ura)
3. Kokyo-ho   Ryote-tori

VII. HANMI-HANTACHI

Shiho-nage   (omote und ura)   Gyaku-hanmi katate-tori

VIII. JO-WAZA

3 Techniken   Verteidigung mit dem Jo

IX. JIYU-WAZA

Freie Verteidigung   Zwei Angreifer — freie Angriffe

2. Dan   **Ni-Dan**

I. VORKENNTNISSE
Kyugrade und 1. Dan

III. NAGE-WAZA

1. Uchi-kaiten-nage   Gyaku-hanmi-
                                        katate-tori
2. Koshi-nage, vier   Nach Wahl
Ausführungen nach
Wahl

IV. KATAME-WAZA

1. Nikyo   (omote und ura)   1. Yokomen-uchi
                    (omote und ura)   2. Ushiro-ryote-tori
2. Sankyo   (omote und ura)   Ushiro-ryote-tori
3. Ikkyo bis Yonkyo (omote und ura)   Shomen-Uchi
Vorführung,
fließend und
nacheinander

V. USHIRO-WAZA

1. Drei Techniken   Ushiro-ryote-tori
nach Wahl
2. Zwei Techniken   Ushiro-katate-tori-
nach Wahl   kubi-shime

VI. SUWARI-WAZA

1. Ikkyo bis Yonkyo (omote und ura)   Shomen-Uchi
Vorführung,
fließend und
nacheinander
2. Kokyu-ho   Ryote-tori

VII. HANMI-HANTACHI

Ikkyo   (omote und ura)   Shomen-Uchi

VIII. TANTO-WAZA

Zwei Techniken   Shomen-Uchi
Zwei Techniken   Yokomen-uchi
Zwei Techniken   Shomen-tsuki

IX. JO-WAZA
3 Techniken

Angriff Shomen-tsuki
mit dem Jo

X. KEN-WAZA

Sumi-otoshi	mit dem Bokken gegen Gyaku-hanmi katate-tori
Shiho-nage	mit dem Bokken gegen Gyaku-hanmi katate-tori
Kote-gaeshi	mit dem Bokken gegen Ai-hanmi katate-tori

XI. JIYU-WAZA
Freie Verteidigung

Zwei Angreifer —
freie Angriffe

3. Dan

San-Dan

III. NAGE-WAZA

1. Shiho-nage	(omote und ura)	1. Ryote-tori
2. Irimi-nage		2. Yokomen-uchi
3. Irimi-nage	- drei Eingänge -	Shomen-Uchi
4. Kote-gaeshi		Yokomen-uchi
5. Kote-gaeshi	- drei Eingänge -	Shomen-Uchi
6. Koshi-nage		Yokomen-uchi
		Ushiro-Katate-
7. Koshi-nage		tori-kubi-shime
		- fünf Ausführungen
		nach Wahl -

IV. KATAME-WAZA

1. Ikkyo	(omote und ura)	Ushiro-ryokata-tori
2. Nikyo	(omote und ura)	Gyaku-hanmi katate-tori
3. Sankyo	(omote und ura)	Gyaku-hanmi katate-tori
4. Sankyo	(omote und ura)	Yokomen-uchi
5. Sankyo	(omote und ura)	Ushiro-ryokata-tori
6. Yonkyo	(omote und ura)	Yokomen-uchi
7. Ikkyo bis Yonkyo	(omote und ura)	Shomen-Uchi
- Vorführung fließend und nacheinander -		

V. USHIRO-WAZA

Fünf Techniken   Nach Wahl
nach Wahl

VI. SUWARI-WAZA

Kokyu-ho   Ryote-tori

VII. HANMI-HANTACHI

1. Ikkyo	(omote und ura)	Ai-hanmi katate-tori
2. Nikyo	(omote und ura)	Ai-hanmi katate-tori
3. Shiho-nage	(omote und ura)	Ai-hanmi katate-tori
4. Shiho-nage	(omote und ura)	Ryote-tori

VIII. TANTO-WAZA

1. Drei Techniken	Shomen-uchi
2. Drei Techniken	Yokomen-uchi
3. Drei Techniken	Shomen-tsuki

IX. JO-WAZA

Jiyu-Waza   ein Angreifer —
Nage hat den Jo

X. KEN-WAZA

Kote-gaeshi	gegen shomen-uchi mit dem Bokken
Kokyo-nage	gegen shomen-uchi mit dem Bokken
Ikkyo (omote/ura)	gegen shomen-uchi mit dem Bokken

XI. JIYU-WAZA

Freie Verteidigung   Drei Angreifer —
freie Angriffe

Tipps für Prüfer

Mit ein wenig Aufmerksamkeit bemerken Sie, nachdem Sie mit ihren Kollegen bequem am Tisch Platz genommen haben, auf den bleichen Gesichtern der Prüflinge den Angstschweiß. Verstärken Sie diese Transpiration nicht unnötig durch barsches Auftreten, Fangfragen oder kleinliche Auslegung der Bestimmungen. Bringen Sie als Aikidoka den Prüfling „auf den rechten Weg". Seien Sie freundlich und verständnisvoll. Denken Sie daran, wie Ihre Zähne geklappert haben, als **Sie** damals geprüft wurden und auch daran, dass ein Orangegurt im allgemeinen nicht über 10-jährige Trainingserfahrung verfügt — bleiben Sie Mensch!

Auf der anderen Seite **muss** man z.B. bei der Braungurtprüfung auch etwas wissen und können! Falls das nicht zutrifft, hat sich der Betreffende selbst zuzuschreiben, wenn er durchfällt. Sagen Sie es ihm freundlich, aber sagen Sie es ihm — Prüfungen sollen nicht karitativen Zwecken dienen!

Am objektivsten sind Prüfer, die den Prüfling persönlich nicht kennen, und niemandem als „Kumpel" verpflichtet sind. Der Lehrer, der die Prüflinge persönlich kennt, wird als zweiter Prüfer gebraucht, um z.B. auf „abartig Lampenfiebrige" hinzuweisen usw. Man sollte zunächst (noch hellwach!) die höheren Gürtelgrade prüfen und darf frühestens bei den nicht enden wollenden Kotegaeshi-Vorführungen der Gelbgurte kurz einnicken.

Alle Prüfer müssen unbedingt die **gültigen** Prüfungsbestimmungen und die allgemeinen Ordnungen **genau** kennen und anwenden sowie alle geforderten Techniken und Bewegungsabläufe selbst beherrschen. Auch Prüfer sollten sich auf eine Prüfung vorbereiten und durch Lehrgänge fortbilden.

Ordnung für Aikido-Kyu-Grade

Vergabe durch Prüfungen

1. Die erste Prüfung erstreckt sich auf das Programm des 5. Kyu-Grades.
2. Die Vorbereitungszeit zu jeder Graduierung beträgt mindestens 6 Monate. In der Vorbereitungszeit soll der Prüfling regelmäßig trainiert haben.
3. Die Bewertung der gezeigten Leistung wird in der Prüfungsliste (2-fache Ausführung) nach den Punkten 1 bis 6 vorgenommen, wobei eine sehr gute Leistung mit 6, eine ungenügende Leistung mit 1 bewertet wird.
   Erreicht der Prüfling im Fach Vorkenntnisse nicht die Punktzahl 4 (bei mehreren Prüfern nicht den Schnitt 4), so ist für diesen die Prüfung abzubrechen. Erreicht ein Prüfling in einem Fach nur die Punktzahl 2 (bei mehreren Prüfern den Schnitt 2), so ist für diesen hier die Prüfung abzubrechen.
   Ein Prüfling hat bestanden, wenn er zwei Drittel der höchstmöglichen Gesamtpunktzahl aller Prüfer erreicht hat.
4. Die Graduierung wird durch Urkunde bestätigt. Eingetragen werden Name und Grad des Prüfers. Mit Aufkleben der Prüfungsmarke und durch Entwerten mit dem Prüfersiegel sowie die Unterschrift des Prüfers wird die Graduierung gültig. Nach bestandener Prüfung ist dem Prüfling seine Urkunde zu übergeben.
5. Hat ein Prüfling nicht bestanden, wird die Prüfungsmarke in die Prüfungsliste geklebt und durch das Prüfersiegel entwertet. Der Prüfling kann sich nach 2 Monaten erneut zur Prüfung stellen.
6. Eine Prüfungskommission darf nicht mehr als 20 Teilnehmer an einem Tag prüfen.
7. In besonderen Fällen gilt übergangsweise mit Genehmigung des Bundessachbearbeiters Prüfungswesen Aikido:
8. Ein Prüfer allein ist berechtigt, folgende formell durchgeführte Prüfungen abzunehmen.
   a) 1. Dan-Aikido bis einschließlich 3. Aikido-Kyu-Grad
   b) 2. Dan-Aikido bis einschließlich 2. Aikido-Kyu-Grad
   c) 3. Dan-Aikido bis einschließlich 1. Aikido-Kyu-Grad
   Zwei Prüfer sind gemeinsam berechtigt, Prüfungen bis einschließlich 1. Aikido-Kyu-Grad formell durchzuführen.

Ordnung für Aikido-Dan-Grade

Vergabe durch Prüfungen

1. Für Aikido-Dan-Prüfungen ist der Bundessachbearbeiter Prüfungswesen Aikido zuständig.
2. Dan-Prüfungen sollen auf Bundesebene durchgeführt werden. Die Prüfer werden vom Vorstand der Bundesgruppe Aikido bestimmt.
3. Vier Wochen vor dem Prüfungstermin (Poststempel) müssen dem Bundessachbearbeiter Prüfungswesen Aikido die Anträge auf Graduierung per Einschreiben zugehen der sie dem Vorsitzenden der Prüfungskommission zusendet.
4. Der Anwärter ist spätestens eine Woche vor der Prüfung (Poststempel) über seine Zulassung schriftlich zu informieren.
5. Die Bestätigung der bestandenen Prüfung wird vom Bundessachbearbeiter Prüfungswesen Aikido vorgenommen.
6. Die Vorbereitungszeit und das Mindestalter für eine Dan-Prüfung ergeben sich aus folgender Tabelle:

   zum 1. Dan: 1 Jahr   — Mindestalter 18 Jahre
   zum 2. Dan: 2 Jahre — Mindestalter 20 Jahre
   zum 3. Dan: 3 Jahre — Mindestalter 23 Jahre
   zum 4. Dan: 3 Jahre — Mindestalter 26 Jahre
   zum 5. Dan: 3 Jahre — Mindestalter 30 Jahre

7. Bei Dan-Prüfungen sind 3 Prüfer erforderlich, wobei nur ein Prüfer dem Verein des Prüflings angehören darf.
8. Die Bewertung der gezeigten Leistung wird in der Prüfungsliste (3-fache Ausführung) nach den Punkten 1 bis 6 vorgenommen, wobei eine sehr gute Leistung mit 6, eine ungenügende Leistung mit 1 bewertet wird.
   Erreicht der Prüfling im Fach Vorkenntnisse nicht die Punktzahl 4 (bei mehreren Prüfern nicht den Schnitt 4), so ist für diesen die Prüfung abzubrechen.
   Erreicht ein Prüfling in einem Fach nur die Punktzahl 2 (bei mehreren Prüfern den Schnitt 2), so ist für diesen die Prüfung abzubrechen.
   Ein Prüfling hat bestanden, wenn er zwei Drittel der höchstmöglichen Punktzahl aller Prüfer erreicht hat.
9. Hat der Prüfling die Dan-Prüfung nicht bestanden, wird die Prüfungsmarke in die Prüfungsliste geklebt und durch das Prüfersiegel entwertet. Der Prüfling kann sich nach vier Monaten erneut zur Prüfung stellen.

10. Alle Kosten und Gebühren sind vom Prüfling vor der Prüfung zu entrichten.
11. Eine Prüfungskommission darf an einem Tag nicht mehr als 12 Teilnehmer prüfen.
12. Alle Prüfungsunterlagen sind unmittelbar nach der Prüfung an den Bundessachbearbeiter Prüfungswesen Aikido per Einschreiben einzusenden.

Kontaktadresse
für Tendoryu Aikido

www.tendo-world-aikido.de

Inhaltsverzeichnis